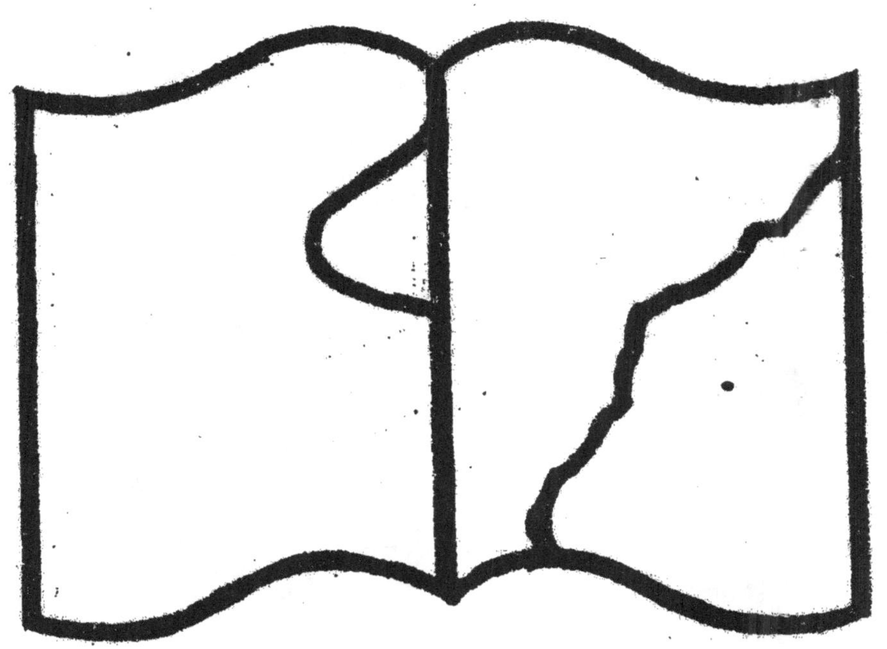

COUVERTURES SUPERIEURE ET INFERIEURE
DETERIOREES

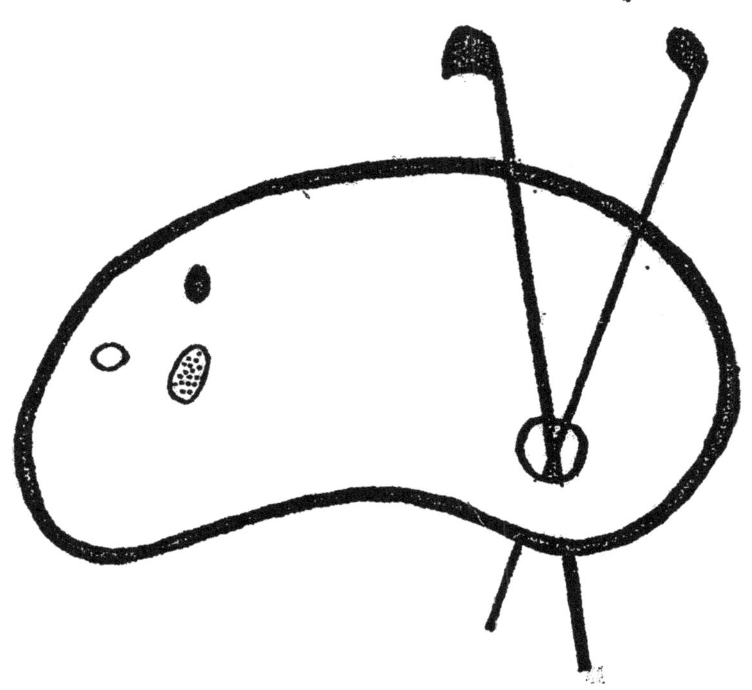

DEBUT D'UNE SERIE DE DOCUMENTS
EN COULEUR

LA PATRIE
LA NATION
L'ÉTAT

PAR

PAUL DÉROULÈDE

« Je suis prêt à mener le combat par toute la France, si Dieu m'en donne la force et si les hommes m'en procurent les ressources ! »

DISCOURS PRONONCÉ

A PARIS

LE 10 JUIN 1909

THÉATRE DU GYMNASE

24 FÉVRIER 1848

Imprimerie de l
et de la *Patrie*

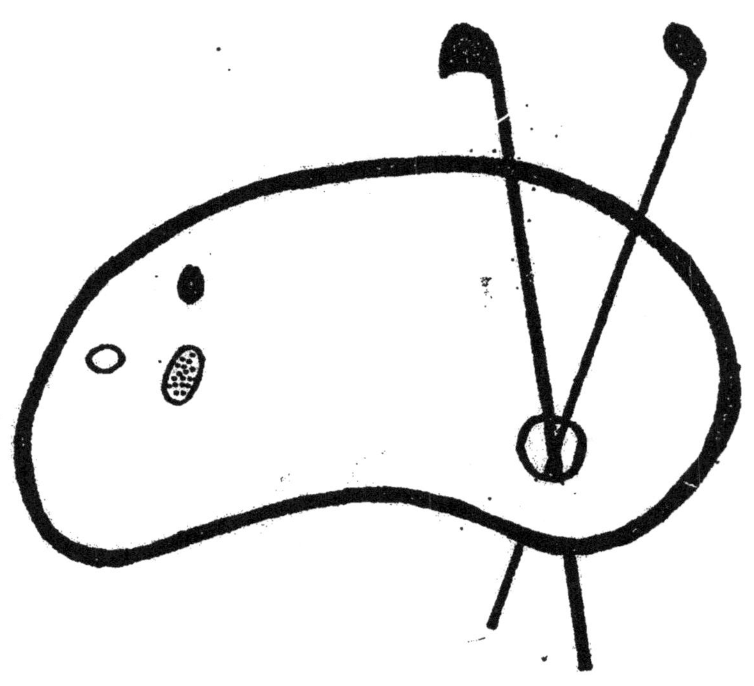

FIN D'UNE SERIE DE DOCUMENTS
EN COULEUR

DISCOURS

Prononcé à Paris, le 10 juin 1909

au Théâtre du Gymnase

★ PATRIOTISME ★

Mesdames, Messieurs,

La première fois où le mot « Patriote » fut employé pour désigner un homme qui aime sa Patrie, il le fut par le duc de Saint-Simon, vers 1706. Non pas que le mot n'existât avant lui, mais il avait gardé jusque-là sa signification quasi-géographique, « Patriote » voulait dire l'habitant de telle ou telle Patrie, comme « Paysan » l'habitant de tel ou tel pays.

*

« Les Italiens donnèrent d'ensemble, écrivait Commines, ils étaient tous patriotes du Parmesan. »

On trouve bien, çà et là, dans de vieux textes, le mot accolé aux épithètes de bon ou de sage, de vrai ou de vaillant, mais le mot tout seul, le mot tout nu, sans adjectif ni commentaire, et devenu par lui-même le plus beau titre qui puisse, selon moi, être décerné à un Français, c'est à l'éloquent auteur des *Mémoires* que nous le devons et c'est pour le maréchal de Vauban qu'il fut écrit.

Or, notez-le bien, Messieurs, ce n'est pas seulement le Vauban meneur de sièges, le Vauban preneur de villes, le grand ingénieur militaire essentiel collaborateur des Condé et des Turenne, en l'honneur de qui Saint-Simon innove ce beau mot : celui à qui s'adresse aussi son éloge c'est au Vauban redresseur d'abus, au Vauban dénonciateur des mauvais ministres, au Vauban indigné de la lourdeur des impôts et de l'iniquité des charges.

Si j'insiste sur ce point, c'est pour répondre par avance aux objections de certains de nos amis qui, sous prétexte que la Ligue des Patriotes a pour principal objectif la reprise des provinces perdues, disputent à notre patriotisme le droit de se préoccuper et de s'occuper de la politique intérieure du pays français.

Assurément, oui ! celui qui aime sa Patrie se réjouit du rayonnement de sa gloire par delà ses frontières, déplore l'amoindrissement de son influence, ne s'habitue ni ne se résigne aux mutilations de la conquête et se sent toujours prêt à sacrifier sa vie pour que la France vive. Mais, quel Français aveugle ou borné ne serait-il pas s'il contemplait d'un œil indifférent les misères de sa Nation et, comme disait Vauban, « toutes les vexations dont elle souffre ».

Il me semble en effet que si l'amour de

la Patrie est le levier qui fait dresser toutes les énergies nationales en face des menaces et des affronts de nos ennemis du dehors, il est, il doit être également le lien sacré qui rapproche, rassemble et unit toutes les consciences françaises contre les menées et contre les méfaits de nos ennemis du dedans.

★ PROPAGANDE HUMANITAIRE ★

Aussi est-ce par crainte des forces de résistances qui naissent logiquement de ce généreux sentiment que les apostats de la France et les renégats de nos traditions ont inventé toute une série de paradoxes ayant pour but d'acheminer petit à petit la Nation vers l'indifférence pour la Patrie.

Le cynisme actuel des antipatriotes et des antimilitaristes, n'est en réalité, qu'un pas de plus fait sur la route jalonnée depuis plus de vingt ans par les théoriciens de l'Humanitairerie. Les formules primitives de ceux-ci étaient, je ne le nie pas, beaucoup moins grossières et par cela même beaucoup plus captieuses. Elles revêtaient même des tournures chevaleresques qui n'allaient pas sans séduire les jeunes cerveaux et les esprits chimériques.

En voici deux des plus répandues, des plus accréditées mais non pas des moins nuisibles : « Tous les peuples sont frères. Je suis le citoyen du monde ».

J'ai déjà dit cent fois, mais je le répèterai mille et mille fois s'il le faut, que la fraternité des peuples n'a rien en soi à quoi je sois formellement contraire, à la condition que notre premier frère soit le frère Français. Ce n'est qu'après avoir fait pour ce frère-là tout ce qui nous est humainement possible de faire que nous aurons le droit d'examiner ce qui pourra être fait humanitairement pour les autres. Belle conception que de vouloir former les Etats-Unis d'Europe, alors qu'après quatorze siècles d'existence commune nous ne sommes même pas capables d'organiser chez nous les Etats-Unis de France !

L'évidente ineptie de l'idée suffit à faire douter de la bonne foi de ses prosélytes.

Il en est de même de la pompeuse déclaration de ces soi-disant citoyens du monde. Ils seraient bien embarrassés, je suppose, s'il leur fallait désigner l'emplacement de leur cité mondiale. Car enfin c'est la cité qui fait le citoyen et qu'est-ce qu'un citoyen sans cité sinon un sauvage ?
Oh ! je sais bien que tel est au fond l'idéal de tous ces émigrés de l'intérieur et que vivre en sauvage au milieu d'une société civilisée, jouir de tous ses avantages et de tous ses bienfaits sans en assumer aucune charge, avoir des droits sans devoirs, ne contribuer ni de son argent, ni de son temps, ni de son sang à

aucune contribution nationale n'est pas fait pour déplaire à tous ces égoïsmes déguisés en dévouements universels. Ces gens-là aussi sont des déserteurs intentionnels sinon déclarés et leurs deux formules favorites peuvent se traduire, aussi bien que celles de leurs compagnons de débandade : « Tout pour moi, rien pour autrui ».

A vrai dire, l'effet de la propagande humanitaire commence à s'user. Aussi la secte qui s'évertue à démilitariser et à décatholiciser les Français afin de les opprimer plus sûrement a eu recours à une autre maxime. Ils l'ont trouvée toute faite dans les *Rêveries d'un promeneur solitaire* : « Heureux les peuples qui n'ont pas d'histoire ! » Propos digne d'un Cafre et d'un Huron mais indigne d'hommes qui ont par devers eux le passé historique que nous possédons.

Dans son admirable livre sur *le Peuple*,

Michelet, ce vieil amoureux de la France, se récrie et se révolte contre l'ingratitude des nations voisines envers notre Nation. Que penserait-il, que dirait-il aujourd'hui de notre ingratitude envers nous-mêmes ?

Ils savent pourtant bien, ces abstracteurs de quintessence, ces sophistiqueurs d'idées, ces professeurs d'oubli et d'abdication, que c'est à coups de sabre que la France s'est taillée sa place dans le monde et que c'est faute d'avoir tenu son épée assez aiguisée qu'elle a perdu deux de ses plus belles provinces et avec elles et en même temps qu'elles, une partie de cet apanage sacré sans lequel un peuple n'a plus ni sécurité ni fierté : l'Indépendance !

Oui, certes, ils savent tout cela, nos universitaires intellectuels, mais ils savent aussi que le service obligatoire est là pour les prendre au collet et les jeter dans le rang si la guerre éclate. Alors les voilà professant à qui mieux mieux le bonheur des peuples qui n'ont pas d'histoire, la sagesse des hommes qui ne combattent plus, la bienfaisante résignation du vaincu aux lois du vainqueur.

C'était déjà beaucoup que ces doctrines destructrices de toute vaillance aient pu individuellement se faire jour dans le corps enseignant, mais que dire d'un Etat qui les autorise, d'un Etat qui les favorise, d'un État qui, l'année dernière encore, en faisait le programme officiel de nos écoles d'enfants de troupe et de nos candidats à Saint-Cyr ?

Quelle honte ! et aussi quel vertige et, pourquoi ne pas le dire ? quelle trahison envers la Nation et envers la Patrie !

★ LA PATRIE, LA NATION, L'ÉTAT ★

Messieurs, Blaise Pascal dont notre éminent ami, Maurice Barrès, traçait l'autre jour de main de maître un inoubliable portrait, donne aux orateurs le conseil de n'employer aucun terme dont ils n'eussent auparavant expliqué nettement le sens. C'est ce que je viens de faire tout à l'heure pour le mot « Patriote », c'est ce que je vais faire encore maintenant pour le triple vocable dont j'ai tant soit peu hardiment baptisé cette conférence.

La politique qui abîme tout, jusques et y compris la langue française, emploie assez indifféremment ces trois mots. Il est évident que le bien de l'État, le bien de la Nation, le bien de la Patrie, ne devraient en réalité faire qu'un et pourraient se nommer tout uniment le bien public. N'empêche que chacun d'eux a son sens distinct et particulier.

A coup sûr, ni les unes ni les autres de ces appellations ne sont inconnues de vous, mes chers auditeurs, aucune n'en est incomprise, mais je n'en voudrais pas moins tâcher d'établir nettement dans votre esprit et les rapports et les différences politiques qui existent entre ces trois termes : la Patrie, la Nation, l'État.

La Patrie est le domaine matériel et immatériel acquis et transmis par les ancêtres. La Nation en est le propriétaire; L'État n'en est et n'en doit être que le régisseur.

Jamais collectivité humaine, groupée en société civilisée, n'a possédé et ne possédera sur terre un plus beau domaine que le nôtre ! Le territoire patrimonial que le sang de nos pères, et aussi — je le reconnais — la sagesse, l'habileté, la persévérance de nos anciens régisseurs, ont incorporé lambeau par lambeau, pièce par pièce, victoire par victoire, à la petite Ile-de-France où gisait jadis Lutèce et où rayonne aujourd'hui Paris, ce territoire est bien, de tous les coins du monde, le plus heureusement doué par la nature, le plus magnifique sous ses aspects divers, le plus riche, le plus fécond en ses produits multiples, le mieux situé sous le soleil, le plus doucement bercé, le plus amoureusement caressé par les deux bras de mer qui l'enserrent et font pénétrer jusqu'au fond de ses vallées et jusqu'au sommet de ses montagnes le perpétuel renouveau d'un air embaumé et vivifiant.

A ces dons du ciel, le génie humain est venu ajouter son œuvre : des cités se sont élevées, des palais se sont édifiés ; tout ce que les Arts peuvent déployer de merveilles, tout ce que les Sciences peuvent produire de bienfaits, s'est répandu d'un bout à l'autre de ce petit univers si un et si complet par d'innombrables routes mettant les bourgs en communication avec les villes, les villes en contact avec la capitale,

O l'exquise demeure terrestre, préparée à souhait pour la félicité des êtres qui y sont nés !

Et ce n'est encore là qu'une part de nos possessions. Combien plus beau, combien plus grand a été notre domaine immatériel. Je veux parler, Messieurs, de l'expansion des idées par la puissance des lettres, qui sont, elles aussi, de grands chemins de communication entre les hommes ; je veux parler de l'élévation de nos intelligences par la grandeur de nos traditions et de nos croyances ; je veux parler de l'influence psychologique de la France à travers le monde ; je veux parler de l'âme même de la Patrie !

Voilà bien, n'est-ce pas ? quel est ou quel était du moins notre glorieux et superbe héritage. La Nation qui, depuis 1789, en est l'héritière directe et unique et qui, depuis 1870, est supposée pouvoir librement disposer de son domaine, la Nation qui se compose numériquement de trente-six millions de Français et de Françaises et politiquement de dix millions d'électeurs, la Nation a-t-elle agi en propriétaire sage et prudente, a-t-elle eu d'honnêtes régisseurs pour la conservation et la mise en valeur de ses biens précieux ?..

Pour ma part, je ne le crois pas, ni vous non plus, n'est-il pas vrai ?

Mais avant de lui en faire un grief, encore serait-il équitable de rechercher jusqu'à quel point elle est responsable de l'abominable gestion de ses propres affaires, encore faudrait-il démontrer, avant de l'accuser de faute lourde, que c'est vraiment elle qui, une fois mise en république, une fois livrée à elle-même, a abusé de ses droits, s'est cru tout permis et a follement dilapidé de ses propres mains tous ses trésors de toute nature.

Eh bien ! Messieurs, j'ai sur ce point la conviction absolue que, plus qu'innocente, elle est victime.

Ni la forme républicaine, ni la souveraineté nationale, ne sont pour la moindre des choses dans ce désarroi ; ce qui y est

au contraire pour tout, c'est la souveraineté parlementaire.

★ CONSTITUANTS ET CONSTITUTION DE 1875 ★

Au lendemain de la Défaite, la Nation n'a réellement été consultée que sur la question de savoir si elle voulait oui ou non la prolongation d'une résistance sublime mais désespérée.

C'est alors qu'avec son bon sens natif et la clarté de coup d'œil qu'elle a pour ses intérêts lorsqu'on l'en laisse juge, elle prit pour arbitre de ses destinées un tiers parti, qui sans avoir eu de responsabilité ni dans la déclaration ni dans la continua-tion de la guerre, ne s'en était pas moins très vaillamment conduit sur nos champs de bataille et qu'elle trouvait digne de signer en son nom la paix ou plutôt la trêve nécessaire pour panser ses blessures, refaire son sang et réparer ses armes. Si pénible que fût cette mission, le parti royaliste s'en acquitta à son honneur et nul n'a contribué plus que lui, il faut bien le dire, à la reconstitution de notre armée et à la mise en état de défense de nos frontières.

Tout républicain que je sois et que je suis, j'ai toujours volontiers et toujours publiquement rendu cet hommage aux députés monarchiques de l'Assemblée de Versailles. Mais cette première besogne une fois accomplie, le malheur de la France voulut que nos plénipotentiaires se soient crus en droit et qu'ils se soient mis en tête de se déclarer constituants.

Messieurs, lorsque Cromwell voulut, au lendemain de son coup d'état, organiser les pouvoirs publics, les mémoires du temps lui prêtent ce propos : « Je sais parfaitement ce qui convient aux Anglais et je m'en vais leur donner une constitution avec un peu de république tempérée par un peu de royauté. »

La conception n'était sans doute pas si mauvaise puisque quand Guillaume d'Orange vint usurper à son tour la place des Stuarts, il donna à l'Angleterre une constitution avec « un peu de royauté tempérée par un peu de république ».

★ LE RÉGIME PARLEMENTAIRE ★

Hélas ! Les constituants usurpateurs de 1875 ou n'ont pas eu une si juste notion de ce qui convenait aux Français ou ont eu au contraire la notion de ce qui ne leur convenait pas. Toujours est-il que soit faute d'avoir su, soit faute d'avoir voulu constituer la République, ils nous dotèrent d'une loi constitutionnelle la plus hétéroclite, la plus anormale, la plus anarchique et la plus tyrannique à la fois — l'arbitraire étant toujours et partout le remplaçant intérimaire et intermittent de l'autorité absente. —

Leur création d'un parlement omnipotent en face duquel ils placèrent un pouvoir exécutif impotent et purement nominal ne pouvait aboutir et n'a abouti en effet qu'à la situation prévue et définie par Montesquieu dans l'*Esprit des Lois* :

« Si la puissance exécutive n'a pas les moyens d'arrêter les entreprises du corps législatif, celui-ci sera despotique ; car, comme il pourra se donner tout le pouvoir qu'il pourra imaginer, il anéantira toutes les autres puissances. »

Ce fut le cas.

Qui peut, en effet, arrêter les entreprises d'un Parlement qui a dans sa main et sous sa coupe la vie et la mort des ministres, la vie et la mort du Président de la République.

Ils tiennent les uns par les menaces quotidiennes du renversement toujours possible et ils ont trouvé, pour faire déguerpir l'autre du Palais de l'Elysée, au jour et à l'heure que bon leur semble, l'ingénieux système des grèves de budget et des grèves de ministres. Souvenez-vous de Mac-Mahon, souvenez-vous de Grévy !

Et quand on pense que ce sont ces gens-là qui votent des mesures de rigueurs contre les employés de l'État le jour où... Enfin, passons, je suis trop ami de l'ordre pour prendre la défense du désordre, même excusable, mais, en vérité, il y a bien de l'injustice à avoir pour juges certains justiciers !...

Bref, messieurs, au lieu d'un seul régisseur comme dans la république américaine, ou de deux comme dans la république romaine, ou de sept comme dans la république suisse, cette Constitu-tion mal constituée nous en a infligé huit cents ! Mettons cinq cents si vous l'aimez mieux, puisque, tout compte fait, tant sénateurs que députés, ce n'est guère jamais que ce chiffre de votants qui fait les lois et nous fait la loi !...

Comme autant de Louis XIV aux petits pieds, mais aux longues mains : l'Etat, c'est eux !...

C'est donc en réalité à ces cinq cents régisseurs, préfets de préfets, ministres de ministres, présidents du président de la République que doivent être imputés tout le ravage fait au domaine, toutes les divisions semées dans la nation, tous les troubles, toutes les incohérences, toutes les dilapidations que l'on reproche faussement aux institutions républicaines et dont il ne faut, je le répète, accuser que le régime parlementaire.

★ RÉVISIONS ★

Ce qui ne veut pas dire que j'aspire à une époque où il n'y aura plus du tout de députés, mais bien, que je crois à la nécessité d'une organisation politique nouvelle par laquelle ces messieurs seront astreints à n'exercer que leur pouvoir de contrôleur et de législateur et dans laquelle le chef de l'Etat élu par la Nation, et responsable devant elle, redeviendra le régisseur juste et honnête, tutélaire et vigilant dont tous, petits et grands, pauvres et riches avons tant besoin.

Cette organisation politique nouvelle, je disais dès 1898, aux électeurs charentais qui m'ont jadis élu sur ce programme, qu'il y avait trois moyens de l'obtenir : la volonté du Parlement, c'est-à-dire la Révision consentie et votée par les Chambres ; la volonté d'un homme, c'est-à-dire la Révision proposée par un message présidentiel ; la volonté du Peuple, c'est-à-dire la Révision imposée par la révolte.

Ma première tentative faite à la Chambre, quelques semaines après mon élection, n'y a naturellement recueilli que 75 voix ; ma seconde tentative, faite le lendemain de cet échec, auprès du pré-

sident Félix Faure, n'a malheureusement
pu être ni assez souvent ni assez longtemps
renouvelée pour que j'aie eu le temps de
convaincre et de décider mon grand et
généreux ami.

Quant à ma troisième tentative, je n'en
referai pas l'historique après ce que vient
de vous dire mon fraternel, éloquent et
excellent complice Marcel Habert. Je ne
vous dirai pas non plus, jactance inutile et
sans portée, dans une salle de théâtre, ce
que je pense actuellement du renouvel-
lement possible ou non de cette suprême
tentative. Mais ce que je vous dirai, par
exemple, c'est qu'en dehors de la refonte
totale des lois constitutionnelles, que je
considère toujours comme le remède le
meilleur parce que le plus complet, je crois
pouvoir vous en indiquer un autre qui,
pour ne pas valoir celui-là, n'en serait
pas moins d'une efficacité très réelle et
qui est d'une application très légale et
assez prochaine.

Ce remède serait la réforme ou la mise en réforme, non du régime, mais du personnel parlementaire et ce serait, non la violence populaire, mais le suffrage universel que nous chargerions et qui se chargerait de l'administrer.

★ LA L. D. P. ET LES ÉLECTIONS DE 1910 ★

La Ligue des Patriotes qui, malgré les multiples persécutions dont elle a été l'objet, compte encore un assez bon nombre de Comités dans plusieurs grandes villes, reformerait et renforcerait ses anciens cadres.

Elle s'offre à servir de centre, et mes amis et moi nous offrons à servir d'organisateurs et au besoin de guides à une grande association électorale républicaine qui n'aurait d'autre but et d'autre programme que d'empêcher à tout prix, en 1910, la réélection d'aucun des membres de la majorité régnante.

Les diverses majorités parlementaires qui ont précédé celle-ci et qui depuis ces douze dernières années ne se sont pas montrées beaucoup moins nuisibles, n'avaient guère entre elles d'autres différences caractéristiques que le changement d'étiquettes.

La transformation des fonctionnaires de l'État en agents électoraux (si promptement et si logiquement suivie de la transformation desdits agents en fonctionnaires révoltés), est leur œuvre commune, et elles peuvent se féliciter mutuellement et solidairement de l'abaissement des caractères, du malaise de la fortune publique, du ralentissement des affaires, de la dilapidation des finances, de la contagion du désordre, de la multiplication des crimes et je dirais aussi de la destruction de notre vieille religion catholique si, par un miracle inattendu, leur souffle impie sur les lumières célestes, loin de les éteindre, n'avait fait autre chose que de les raviver.

Toutes ou à peu près toutes ces majorités étaient coupables à un degré presque égal de la désorganisation de l'Etat et de la désorientation du pays.

Mais une raison précise, une raison particulière manquait pour désigner celle-ci plutôt que celle-là à l'animadversion, au mépris, à la sévérité justicière de la Nation.

Grâce à Dieu qui semble, cette fois encore, avoir affolé ceux qu'il veut perdre, la majorité actuelle, la majorité de 1909 s'est marquée elle-même au front d'une tache indélébile. Sans avoir consulté le corps électoral, à une heure où tous nos budgets sont en déficit, quand les moindres et les plus légitimes augmentations sont refusées aux travailleurs de l'État, on a pu voir ces syndiqués non autorisés, ces confédérés de la paresse porter eux-mêmes leur salaire de neuf mille francs à quinze mille.

Sus aux quinze mille, mes amis, guerre aux quinze mille ! Bataille ! Et que des quatre points cardinaux de la France surgisse en une poussée de vaillance civique toute une phalange de candidats nouveaux, de jeunes candidats républicains, qui mettent en fuite et en déroute toutes ces vieilles bandes de pilleurs d'épaves. Il y a là trois ou quatre cents places à prendre, trois ou quatre cents pseudo-représentants qui ne doivent plus nous représenter.

Renouvelons le recrutement du Parlement si nous ne pouvons pas en renouveler le fonctionnement.

Il y va de l'honneur de la Nation ! Il y va du Salut de l'Etat ! Il y va de la France !

Et je ne parle pas, entendez-moi bien, de jeunes républicains et de nouveaux candidats de telle opinion plutôt que de telle autre. Notre prétention ne peut pas être de changer l'esprit des départements, mais bien de modifier les mœurs de la Chambre, ce qui est toute une autre affaire.

J'ajoute bien vite que, résolu comme je le suis à ne poser nulle part ma candidature, il n'y a dans mon projet, il n'y a dans mon appel rien qui soit pour moi. Ce n'est pas un piège que je tends à la République et la rénovation du personnel politique est tout ce que j'attends de l'issue de ce combat que je me déclare prêt à mener par toute la France, si Dieu m'en donne la force et si les hommes m'en procurent les ressources.

Des ressources !... Ah ! le vilain mot et qui coûte au quêteur beaucoup plus à prononcer qu'il ne rapportera peut-être à sa quête. Mais, quoi ! ce n'est pas pour moi que je mendie ; ce n'est pas pour remplir ma poche que je tends ma main, et vous savez tous et toutes qu'il n'y a pas de campagne politique sans caisse politique, et tous et toutes vous comprenez bien que ce n'est pas seulement notre aide morale, mais aussi notre aide matérielle qu'il nous faut promettre à ces jeunes candidats libérateurs.

Nous ne devrons leur demander et nous ne leur demanderons que d'avoir les mains pures et les yeux clairs. Leur inexpérience probable n'a rien, ne doit rien avoir qui nous inquiète. Ils apprendront vite ce qu'il faut savoir. L'important est qu'ils ne soient pas initiés par avance à tout ce système de complicités véreuses, de combinaisons louches et d'agiotages malhonnêtes que leurs anciens se transmettaient entre eux comme autant de secrets professionnels.

Ils apporteront là ce qu'apporte tout homme à l'aube de sa vie, au début de sa carrière : la passion de l'honneur, l'amour du bien, l'espérance du mieux.

Allons ! les pères de famille, versez-nous votre obole ! Allons ! les mères, envoyez-nous vos fils ! Allons ! les fils, apportez-nous vos courages, vos intelligences et vos volontés ! Entrez au service de la France en venant au secours de la République. Soyez les soldats du devoir civique.

Ce sont nos trois couleurs qui flottent sur le faîte du Palais-Bourbon. N'en laissez pas faire plus longtemps l'enseigne d'un tripot. Arrière, les marchands de croix d'honneur, les distributeurs de billets de loterie, les trafiquants de grâces !

Quant à vous que je convie à cette lutte régénératrice, et que j'y soutiendrai de toute mon énergie, honnêtes et bons Français, républicains probes et loyaux, ne vous laissez arrêter, je vous en conjure, par aucune vaine commisération ! Dites-vous bien que vous ne chasserez de leur fief, que vous ne déposséderez de leur prébende, que des repus qui ont déjà pris toutes leurs précautions, qui se sont déjà accordé à eux-mêmes, ce qu'ils n'ont pas encore accordé aux ouvriers, et que sans pitié comme sans remords vous pouvez, vous devez leur battre à tour de bras, leur sonner à pleins poumons « la retraite des quinze mille » !

Debout les hommes ! En avant la jeunesse ! Et pour la Patrie, pour la Nation, pour l'Etat, en vous, par vous, et avec vous : vive une autre République pour que la France vive mieux ! Car par-dessus tout, car avant tout, n'est-ce pas ? Vive la France !

envoyez-nous vos fils ! Allons ! les fils, apportez-nous vos courages, vos intelligences et vos volontés ! Entrez au service de la France en venant au secours de la République. Soyez les soldats du devoir civique.

Ce sont nos trois couleurs qui flottent sur le faîte du Palais-Bourbon. N'en laissez pas faire plus longtemps l'enseigne d'un tripot. Arrière, les marchands de croix d'honneur, les distributeurs de billets de loterie, les trafiquants de grâces !

Quant à vous que je convie à cette lutte régénératrice, et que j'y soutiendrai de toute mon énergie, honnêtes et bons Français, républicains probes et loyaux, ne vous laissez arrêter, je vous en conjure, par aucune vaine commisération ! Dites-vous bien que vous ne chasserez de leur fief, que vous ne déposséderez de leur prébende, que des repus qui ont déjà pris toutes leurs précautions, qui se sont déjà accordé à eux-mêmes, ce qu'ils n'ont pas encore accordé aux ouvriers, et que sans pitié comme sans remords vous pouvez, vous devez leur battre à tour de bras, leur sonner à pleins poumons « la retraite des quinze mille » !

Debout les hommes ! En avant la jeunesse ! Et pour la Patrie, pour la Nation, pour l'Etat, en vous, par vous, et avec vous : vive une autre République pour que la France vive mieux ! Car par-dessus tout, car avant tout, n'est-ce pas ? Vive la France !

Paris. — Imp. de la PRESSE et de la PATRIE

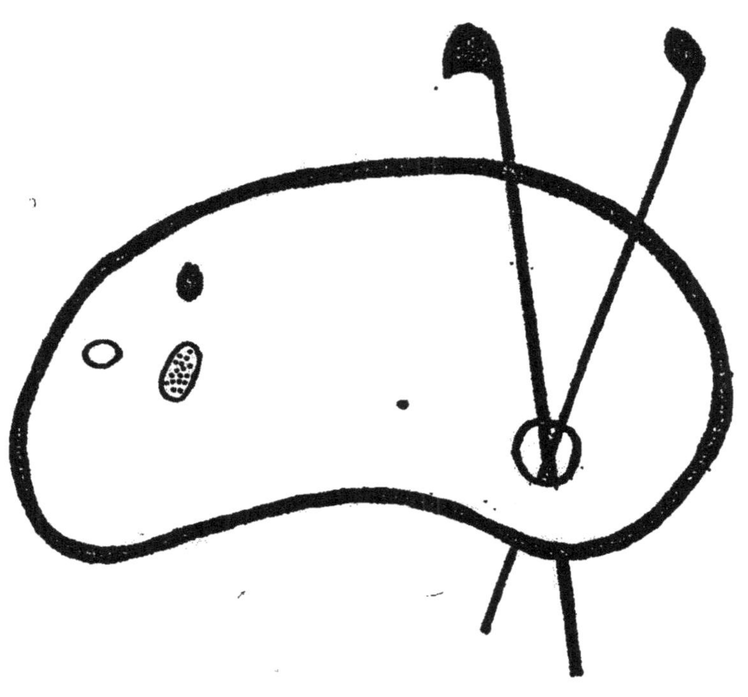

ORIGINAL EN COULEUR

NF Z 43-120-8

www.ingramcontent.com/pod-product-compliance
Lightning Source LLC
Chambersburg PA
CBHW061133050726
47594CB00005B/2215